Lernstandserhebungen/VERA 8

Deutsch

Mittlere Anforderungen
Jahrgangsstufe 8

Erarbeitet von
Birgit Patzelt

Illustriert von
Friederike Ablang

INHALTSVERZEICHNIS

Zur Arbeit mit diesem Heft

Liebe Schülerin, lieber Schüler,

mit diesem Heft wollen wir dir bei der Vorbereitung auf die Vergleichsarbeit (VERA) bzw. Lernstandserhebung im Fach Deutsch in der 8. Klasse helfen. Das Material eignet sich sowohl für die Arbeit im Klassenverband als auch für deine selbstständige Vorbereitung. Die Aufgaben sind so gestellt, dass du in kleinen Schritten vorgehst. So kannst du wichtige Arbeitstechniken sehr genau kennen lernen und üben. Welche Aufgabenarten dich erwarten, erfährst du auf den Seiten 4 und 5.

Im **Lernbereich „Umgang mit Texten: Leseverstehen"** erfährst du,
– wie du Fragen zu literarischen Texten oder Sachtexten beantwortest,
– wie du einem Text Informationen entnimmst,
– wie du Sätze mit ähnlicher Bedeutung im Text wiedererkennst,
– wie du sprachliche Mittel untersuchst,
– wie du Tabellen und Diagramme auswertest.

Im **Lernbereich „Reflexion über Sprache: Grammatik"** übst du,
– wie du deinen Wortschatz erweiterst,
– wie du Wortarten bestimmst und flektierst,
– wie du Satzglieder und Nebensätze bestimmst,
– wie du deinen Satzbau verbesserst.

Im **Lernbereich „Schreiben und Texte überarbeiten"** lernst du,
– wie du einen eigenen Text aufbauen und schreiben kannst,
– wie du Fehler korrigierst,
– wie du deinen eigenen und andere Texte überarbeitest.

Im **Lernbereich „Zuhören"** trainierst du,
– wie du konzentriert zuhören und verschiedene Sprechweisen erkennen kannst,
– wie du Kernaussagen eines Hörtextes notierst,
– wie du Notizen sinnvoll ordnest.

Blau unterlegte Felder markieren **Tipps**, die dir bei der Lösung der Aufgaben helfen, z. B.:

> **TIPP**
> Achte auf die Zeitformen.

In **Merkkästen** werden in knapper Form wichtige Kenntnisse zusammengefasst oder Schritte vorgeschlagen, wie du bei der Lösung der Aufgaben vorgehen kannst, z. B.:

> **Die Umstellprobe**
> Sätze bestehen aus Wörtern und Wortgruppen. Sie bilden Satzglieder. Diese erkennt man daran, dass sie **allein** vor die gebeugte Verbform gestellt werden können, ohne dass sich der Sinn des Satzes ändert (Umstellprobe).

Mithilfe der Beilage **„Lösungsteil"** kannst du deine Ergebnisse überprüfen und – wenn nötig – korrigieren.

Nützliche Tipps für die Vergleichsarbeit/Lernstandserhebung

– Lies jede Aufgabenstellung sorgfältig durch und beginne ohne Hektik mit der Beantwortung der Fragen.
– Überprüfe zwischendurch immer wieder einmal, wie viel Zeit du noch hast.
– Wende dich zuerst den Aufgaben zu, die dir leichtfallen.
– Wenn du eine Aufgabe nicht sofort lösen kannst, gehe erst einmal zur nächsten weiter.
– Markiere die ausgelassenen Aufgaben, damit du sie später problemlos wiederfindest und nicht vergisst.
– Geh am Ende noch einmal alle ausgelassenen Aufgaben durch, vielleicht kannst du sie doch noch lösen.
– Wenn du alle Aufgaben bearbeitet hast, sieh dir deine Lösungen noch einmal an. Korrigiere gegebenenfalls Fehler.
– Kreuze immer eine der Wahl-Antworten an, auch wenn du dir nicht sicher bist. Vielleicht hast du Glück!
– Schreibe deutlich, wenn du selbst etwas formulieren oder Lücken ausfüllen sollst.

Und nun viel Erfolg bei deiner Vorbereitung!

AUFGABEN VERSTEHEN

Um festzustellen, wie gut du einen Sachtext, einen Erzähltext, ein Gedicht, eine Tabelle oder ein Diagramm verstehst, werden dir unterschiedliche Aufgaben gestellt. Schau dir die folgenden Beispiele genau an. Solche und ähnliche Aufgaben können dir gestellt werden.

■ **Du sollst aus verschiedenen Antworten die richtige herausfinden, z. B.:**

Kreuze die richtige Antwort an.

Berlin liegt ...

a) ☐ an der Donau

b) ☐ in Hessen

c) ☒ an der Spree

d) ☐ im Gebirge

■ **Du sollst herauszufinden, ob eine Aussage zutrifft oder nicht, z. B.:**

Sind die folgenden Aussagen zutreffend oder nicht? Kreuze an.

	trifft zu	trifft nicht zu
a) Berlin hat einen Dom.	☒	☐
b) Berlin liegt am Meer.	☐	☒
c) Berlin ist eine Stadt im Westen der Bundesrepublik.	☐	☒
d) Berlin ist Bundeshauptstadt.	☒	☐

■ **Du wirst nach deiner Meinung gefragt und sollst sie begründen, z. B.:**

Jemand sagt: „Berlin ist langweilig." Stimmst du der Meinung zu oder nicht? Kreuze an und begründe deine Antwort.

☐ Ja, weil ...   ☒ Nein, weil ...

... in Berlin immer was los ist. Viele interessante Menschen leben hier, die tolle Kunst- und

Musikprojekte durchführen. Außerdem gibt es hier unzählige Sehenswürdigkeiten wie den

Fernsehturm.

■ **Du sollst in einem Lückentext inhaltliche Details ergänzen, z. B.:**

Füge die folgenden Wörter an der jeweils passenden Stelle in den Satz ein.

Spree – Deutschland – beliebtesten – Großstadt

Berlin, die aufregende **Großstadt** an der **Spree**, gehört zu den **beliebtesten** Orten in **Deutschland**.

■ **Du wirst nach der Bedeutung eines Begriffs oder einer Redewendung gefragt, z. B.:**

Erläutere die Redewendung „sich mit fremden Federn schmücken" mit eigenen Worten.

Diese Redewendung bedeutet, dass jemand eine Leistung als seine eigene ausgibt, obwohl er

sie nicht selbst erbracht hat.

■ **Du sollst die Textsorte bestimmen, z.B.:**

Berliner Dom, der, eigentlich *Oberpfarr- und Domkirche zu Berlin,* ev. Kirche auf dem nördl. Teil der Spreeinsel, Ortsteil Berlin-Mitte, 116 m Höhe, 1894 bis 1905 in Anlehnung an ital. Hochrenaissance und Barock errichtet, steht unter Denkmalschutz, Gottesdienste zu Staatsakten und wichtigen polit. Ereignissen

Kreuze die richtige Antwort an.

Bei dem Text über den Berliner Dom handelt es sich um ...

a) ☐ ... einen Zeitungsartikel.

b) ☒ ... einen Lexikoneintrag.

c) ☐ ... eine Bildunterschrift.

d) ☐ ... ein Gedicht.

Auch deine Kenntnisse in Grammatik werden in Vergleichsarbeiten oder Lernstandserhebungen überprüft. Folgende Aufgaben sind möglich.

■ **Du sollst die Satzart bestimmen, z.B.:**

Kreuze die richtige Antwort an.

Der Satz „Ist Berlin eine Kultstadt?" ist ...

a) ☐ ... ein Aussagesatz.

b) ☒ ... ein Fragesatz.

c) ☐ ... ein Aufforderungssatz.

d) ☐ ... ein Befehlssatz.

■ **Du sollst die Zeitform bestimmen, in der ein Prädikat steht, z.B.:**

Bestimme die Zeitformen der Prädikate in den folgenden Sätzen.

Zeitform des Prädikats

Bislang **hat** jeder **geglaubt,** dass alle Berliner eine große Klappe haben. ___Perfekt___

Und wirklich **sind** die Berliner stolz auf ihre Schnauze mit Herz. ___Präsens___

Auch die freche Göre **gab** es wahrscheinlich schon im Mittelalter. ___Präteritum___

■ **Du sollst die Aussageweise (Modus) eines Verbs bestimmen und begründen, warum sie verwendet wurde, z.B.:**

Tina sagte, sie **sei** von Berlin enttäuscht.

a) *Welcher Modus wird in diesem Satz verwendet? Kreuze an.*

☐ Indikativ (Wirklichkeitsform)

☒ Konjunktiv I (Möglichkeitsform I)

☐ Konjunktiv II (Möglichkeitsform II)

☐ Imperativ (Befehlsform)

b) *Kreuze die richtige Antwort an.*

Die Aussageweise wurde verwendet, um auszudrücken, dass die Aussage ...

a) ☐ ... nicht stimmt.

b) ☒ ... von einem anderen wiedergegeben wird.

c) ☐ ... nur eine Vermutung ist.

d) ☐ ... nicht ernst gemeint ist.

SACHTEXTE LESEN UND VERSTEHEN

Einen Sachtext lesen und verstehen

Beim Lesen und Verstehen eines Sachtextes sind folgende **Arbeitsschritte** wichtig:

- Überschrift und Text aufmerksam lesen
- das Thema erfassen
- Schlüsselbegriffe oder Textstellen markieren, die der Beantwortung von W-Fragen dienen
- den Inhalt des Textes mithilfe von W-Fragen erschließen
- unbekannte Begriffe klären
- den Text in Sinnabschnitte gliedern und Zwischenüberschriften finden
- sprachliche Merkmale untersuchen

1   *Lies den folgenden Text aufmerksam durch.*

Silvia Kotulski: **Für Peter ist Karneval einfach nur ein Spaß**

Düsseldorf. Helau, Helau! Dieser Ausruf wird in den kommenden Tagen wieder oft zu hören sein. Von Altweiber bis zum Veilchendienstag heißt es dann: feiern, verkleiden und flirten, was das Zeug hält. Doch nicht alle können sich mit der jecken Kultur anfreunden, sie sehen Karneval eher als Qual anstatt als
5   Freudenfest an. „Jugend und Zeitung" (JUZ) ging dieser Sache auf den Grund und befragte Düsseldorfer Jugendliche zum Thema Karneval. Bei einem Punkt sind sich alle einig: Es gibt keinen anderen Anlass, an dem ausgelassener und hemmungsloser gefeiert wird als an diesen sechs Tagen.
Aber aus welchem Grund feiern wir Karneval? Fest steht, dass dieser Brauch
10   bis ins Mittelalter zurückgeht. Der Straßenkarneval diente damals als Sprachrohr für die Bevölkerung, durch das sie Kritik an Regierung oder Kirche loswerden konnte. Ein anderer Grund war die bevorstehende österliche Fastenzeit, vor der es noch einmal kräftig zu feiern galt. Bis auf das kräftige Feiern verbinden die Leute heute meist nicht mehr viel mit dem traditionellen Karneval.
15   Als idealen Treffpunkt für Singles sieht der 17-jährige Peter den feuchtfröhlichen Trubel: „Für mich ist es einfach nur Spaß. Die Mädels sind viel lockerer, da nutze ich natürlich die Gelegenheit." Weniger zweideutige Absichten haben da Marc (19) und Julia (18): „Uns gefällt, dass man für ein paar Tage einfach mal den Alltag vergessen kann." Nina (14) schätzt die allgemeine Atmosphäre:
20   „Am besten gefällt mir der Rosenmontagszug, letztes Jahr war ich auch schon da, und die Stimmung war einfach geil."
Allerdings gibt es auch Jugendliche, die dem Karnevalstrubel nicht viel Gutes abgewinnen können. So ist der 20-jährige Jörg genervt von dem ganzen Jeckentum und spricht von „aufgesetzter Fröhlichkeit". Lisa (18) betont, was es
25   heißt, sich als Mädchen in das riesige Getümmel zu stürzen: „Ich hab keine Lust, fünf Meter durch die Stadt zu rennen und dabei gleich von 100 besoffenen Typen blöd angemacht zu werden." Als unnötige Gelegenheit, sich zu betrinken, sehen es Kathrin (17) und Philipp (19): „Die benehmen sich so, als gäbe es nicht noch 364 andere Tage im Jahr."
30   Philipp hat eine Alternative für das unumgängliche Karnevalswochenende gefunden: „Freitag bin ich im *Tor 3*. Da gibt's ein Punkrock-Konzert unter dem Motto *United against Karneval*." Andere Tipps, um die Tage möglichst karnevalfrei zu überstehen, hat die 15-jährige Steffi: „Auf jeden Fall die Stadt meiden! Am Wochenende einfach zu Hause bleiben oder mit Freunden einen DVD-
35   Abend machen! Kino wäre auch eine Möglichkeit." […]

2 *Worum geht es in dem Text? Formuliere das Thema mit eigenen Worten.*

_____

3 *Beantworte die folgenden W-Fragen stichpunktartig.*

TIPP
Lies den Text auf Seite 6 gründlich **Satz für Satz** mit einem **Stift in der Hand.** Markiere die Textstellen, die Antwort auf die W-Fragen geben.

Was steht im Mittelpunkt des Textes?

_____

Wo und **wann** hat die Autorin sich umgesehen?

_____

Welches ist die Hauptaussage des Textes?

_____

_____

Wer kommt zu Wort?

_____

Wie äußern sich zwei der Personen zum Thema?

_____

_____

_____

4 *Wie lauten die Sätze? Fülle die Lücken aus.*

Im Text wurde der bevorstehende Karneval zum Anlass genommen, eine _____

unter Jugendlichen in Düsseldorf durchzuführen. Dabei kam heraus, dass sich nicht alle mit der _____

_____ anfreunden können. Während die einen einfach nur den _____

vergessen wollen, sind andere _____ vom Jeckentum. Ein guter Tipp, wie man die

Tage _____ überstehen kann, ist: die Stadt _____ und mit

Freunden _____.

5 *Treffen die folgenden Aussagen zu? Kreuze an.*

	trifft zu	trifft nicht zu
a) Karneval war früher Anlass, vor der österlichen Fastenzeit noch einmal richtig zu feiern.	☐	☐
b) Auch heute verbindet die Menschen noch immer viel mit dem traditionellen Karneval.	☐	☐
c) Es gibt keine Möglichkeit, sich dem Karnevalstrubel zu entziehen.	☐	☐

6   *Der Text auf Seite 6 ist in fünf Sinnabschnitte gegliedert. Formuliere Zwischenüberschriften für diese Abschnitte. Schreibe sie jeweils auf die Linien daneben.*

7   *Suche zu jedem der beiden folgenden Sätze einen Satz im Text, der Ähnliches aussagt. Markiere den Satz, schreibe ihn heraus und notiere in der Klammer die Zeilen, in denen er steht.*

> **TIPP**
> Überlege: Was ist die **Hauptaussage** des Satzes? Lies den Text anschließend überfliegend, bis du den Satz gefunden hast, der Ähnliches aussagt.

Der Karneval ist, was das Feiern angeht, mit keinem anderen Ereignis zu vergleichen.

_____

_____ (Z.: _____)

Karneval, wie er früher war, findet sich heute nur noch im ausgiebigen Feiern wieder.

_____

_____ (Z.: _____)

8   *Wie wird der Karneval im Text beurteilt? Kreuze die richtige Antwort an.*

a) ☐ positiv

b) ☐ negativ

c) ☐ unterschiedlich

9   Der Text enthält eine Reihe von Meinungsäußerungen, z. B.:

„Die benehmen sich so, als gäbe es nicht noch 364 andere Tage im Jahr." (Z. 28 f.)
„Für mich ist es einfach nur Spaß. Die Mädels sind viel lockerer, da nutze ich natürlich die Gelegenheit." (Z. 16 f.)

    Kreuze die richtige Antwort an.

Die Zitate zeigen, dass …

a) ☐ … Karneval unter Jugendlichen umstritten ist.

b) ☐ … manche Jugendliche anderen den Spaß am Karneval nicht gönnen.

c) ☐ … man nicht jedem glauben darf.

d) ☐ … die Jugend sich über den Karneval einig ist.

10   *Gib zwei weitere Stellen an, in denen Meinungen geäußert werden.*

Zeilen: _____

11   *Im Text wird von „Fastenzeit" gesprochen. Erläutere mit eigenen Worten, was man darunter versteht.*

> **TIPP**
> Wenn du es nicht genau weißt, nimm ein **Wörterbuch** zu Hilfe.

_____

_____

12 *Im Text ist von harmlosem Flirten und von blöder Anmache die Rede.*
Erkläre den Bedeutungsunterschied in zwei Sätzen.

flirten: _____

_____

_____

anmachen: _____

_____

_____

13 *Der 20-jährige Jörg ist genervt vom Karneval und spricht von*
„aufgesetzter Fröhlichkeit".
Was ist damit gemeint? Kreuze die richtige Antwort an.

a) ☐ Masken, die lachende Gesichter zeigen

b) ☐ offenes Lachen, das von Herzen kommt

c) ☐ jemanden auslachen

d) ☐ lautes Lachen, das nicht von Herzen kommt

14 *Im Text werden unterschiedliche Stimmen zum Karneval zitiert. Wie siehst du die „närrische Zeit"?*
Suche eine positive und eine negative Meinung heraus, äußere dich zustimmend bzw. ablehnend und
begründe deine Ansicht. Schreibe drei Sätze.

Ich stimme der Aussage von _____ zu, weil _____

_____

_____

_____

Der Meinung von _____ möchte ich widersprechen, denn _____

_____

_____

_____

15 *Warum kann der Text nicht in einem Reiseführer erscheinen? Nenne wenigstens zwei Gründe.*

_____

_____

_____

_____

Ferienjobs: Schüler berichten über ihre Erfahrungen

René, 19 Jahre:
„An Jobs bin ich meist über Bekannte gekommen."

Mit 15 hatte ich meinen ersten Ferienjob. Ich habe seitdem einiges gemacht: am Bau Lüftungskanäle montiert, Brunnen mitgebaut, in einer Tankstelle an der Kasse gestanden. Im Moment arbeite ich im Be-
5 reich Security.
An die Jobs gekommen bin ich meist über Bekannte. Dem Vater eines Freundes gehört die Brunnenbaufirma. Der Vater von einem anderen Freund ist Bauleiter. Nur den Job an der Tankstelle hatte ich aus der
10 Zeitung. Es lohnt sich, dort einen Blick hineinzutun. Aber man muss schnell anrufen, um die Jobs auch zu bekommen. Warum ich jobbe? Hauptsächlich wegen des Geldes. Von meinem Geld habe ich mir ein Motorrad und später auch ein Auto gekauft und den
15 Führerschein finanziert. Ich gebe auch sehr viel Geld für Essen aus oder wenn ich abends weggehe.
Jobben hat neben dem Geld auch andere Vorteile: Man bekommt zumindest schon mal einen Einblick in die Arbeitswelt. Die Einstellung verändert sich. Ich
20 freue mich heute auf das Arbeiten. Es ist befriedigend zu sehen, dass man etwas geschafft hat. Auch eigenes Geld verdient zu haben, ist ein tolles Gefühl. In der Schule bringt man Leistung für später. Bei der Arbeit profitiert man von seiner Leistung direkt.
25 Ich glaube, es ist nicht so schwer, einen Job zu kriegen, wenn man sich darum bemüht. Was wichtig ist: pünktlich da zu sein, gepflegt zu erscheinen und seine Arbeit ordentlich zu erledigen. Dann hat man sogar die Chance, mal zusätzlich etwas Geld zugesteckt
30 zu bekommen.

Cornelia, 18 Jahre:
„Ich habe das meiste Geld gespart."

Meinen ersten Job hatte ich mit 16. Mit 15 beispielsweise ist es noch nicht so leicht, einen Job zu finden, es sei denn, du hast Beziehungen. Die meisten Arbeitgeber stellen am liebsten Jugendliche ab 18 Jahre ein. Die dürfen einfach länger arbeiten, und rechtlich ist 35 es unkomplizierter.
Ich arbeite meist an der Kasse. Das macht Spaß, weil ich viel mit Leuten zu tun habe. Außerdem verdiene ich ganz gut. Von den Jobs an der Kasse habe ich in der Zeitung erfahren. Ganz gut sind die Angebote in 40 den Anzeigenblättern. Dort annoncieren viele, die Aushilfen suchen.
Das meiste Geld, das ich verdiene, spare ich. Von dem Geld auf der hohen Kante kaufe ich mir später mal ein Motorrad. Im Moment habe ich ein Hobby, das 45 sehr teuer ist und das ich mir allein finanziere: Reiten. Im Winter gehe ich Schlittschuh laufen, auch das kostet ziemlich viel. Und ich will meinen Führerschein machen.
Es ist schon ein gutes Gefühl, sein eigenes Geld zu 50 verdienen. Ich lerne, mit Geld umzugehen und liege meinen Eltern nicht auf der Tasche. Es ist schön, etwas unabhängig zu sein.
Mit Schülerjobs habe ich gute Erfahrungen gemacht. Es war anfangs nur ein komisches Gefühl, einen Chef 55 zu haben, der einem sagt, was man tun muss. Problematisch bei Aushilfsjobs kann sein, dass man manchmal seinem Geld hinterherrennen muss. Wenn falsch abgerechnet wird oder Stunden fehlen. Auf korrekte Abrechnung sollte man immer sofort 60 achten, um Ärger zu vermeiden.
Was ich anderen raten kann: Seid vorsichtig bei Firmen, die sagen: „Wir stellen jeden ein". Davon halte ich nicht viel, die ziehen einen oft über den Tisch. Für mich war immer wichtig, ein Vorstellungsgespräch 65 zu führen.

1 *Um welches Thema geht es in den Sachtexten? Kreuze die richtige Antwort an.*

a) ☐ Schülerpraktikum

b) ☐ Ferienjob

c) ☐ Austauschjahr

d) ☐ Ausbildungsplatz

2 *Kreuze die richtige Antwort an.*

In beiden Erfahrungsberichten wird Jobben ...

a) ☐ ... positiv gesehen.

b) ☐ ... negativ gesehen.

c) ☐ ... unterschiedlich beurteilt.

3 *Vergleiche beide Erfahrungsberichte unter verschiedenen Gesichtspunkten. Trage die Antworten in die Tabelle ein.*

	René	Cornelia
a) erster Ferienjob mit ...	_____ Jahren	_____ Jahren
b) Arbeitsplätze		
c) Jobvermittlung		
d) Verwendung des verdienten Geldes		
e) Welche Vorteile bringt das Jobben?		

4 *Treffen die folgenden Aussagen auf Renés Erfahrungsbericht zu?*
Kreuze an.

	trifft zu	trifft nicht zu
a) An Jobs kommt man nur über die Zeitung.	☐	☐
b) Der Einblick in die Arbeitswelt hat Vorteile.	☐	☐
c) Der einzige Vorteil am Jobben ist, Geld zu verdienen.	☐	☐
d) Bei der Arbeit sieht man gleich, was man geschafft hat.	☐	☐

5 *Kreuze an.*

Aus Cornelias Erfahrungsbericht erfährt man, dass ...	trifft zu	trifft nicht zu
a) ... man Jobs erst ab 18 Jahren bekommt.	☐	☐
b) ... es in Anzeigenblättern viele Angebote für Aushilfen gibt.	☐	☐
c) ... man durch Jobben lernt, mit Geld umzugehen.	☐	☐
d) ... man immer auf eine korrekte Abrechnung achten muss.	☐	☐

6 René spricht von einem Unterschied zwischen Schule und Arbeitswelt.

Worin besteht dieser Unterschied seiner Meinung nach?
Kreuze die richtige Antwort an.

a) ☐ In der Schule verdient man weniger Geld.

b) ☐ Man geht lieber arbeiten als zur Schule, weil man da zusätzlich Geld zugesteckt bekommt.

c) ☐ In der Schule lernt man für später, bei der Arbeit profitiert man sofort von seiner Leistung.

d) ☐ Durch das Jobben verändert sich die Einstellung zur Schule.

7 Cornelia berichtet darüber, dass es mit 15 nicht so leicht ist, einen Job zu bekommen.

Woran liegt das?
Kreuze die richtige Antwort an.

a) ☐ 15-Jährige halten nicht so lange durch.

b) ☐ Es gibt nur wenige Jobs, die für 15-Jährige geeignet sind.

c) ☐ Man hat mit 15 zu wenig Beziehungen, um an begehrte Jobs zu kommen.

d) ☐ Es ist rechtlich unkomplizierter, Jugendliche ab 18 Jahren einzustellen.

8 *Kreuze die richtige Antwort an.*

„Die dürfen einfach länger arbeiten, und rechtlich ist es unkomplizierter." (Z. 35 f.)

Dieser Satz ist im Zusammenhang des Textes ...

a) ☐ ... eine Behauptung.

b) ☐ ... eine Frage.

c) ☐ ... ein Zitat.

d) ☐ ... eine Begründung.

9 *Suche zu jedem der beiden folgenden Sätze einen Satz in den Berichten der Jugendlichen, der Ähnliches aussagt. Markiere den Satz, schreibe ihn heraus und notiere in der Klammer die Zeilen, in denen er steht.*

a) Es macht einen zufrieden, wenn man etwas erreicht hat.

_____

_____ (Z.:   )

b) Ich mache die Erfahrung, mir mein Geld einzuteilen, und belaste meine Eltern nicht finanziell.

_____

_____

_____ (Z.:   )

10 Sowohl René als auch Cornelia geben Jobsuchenden abschließend einen Rat.

Suche die entsprechenden Textstellen heraus und gib die Tipps mit eigenen Worten wieder. Schreibe zwei Sätze.

René findet wichtig, dass _____

_____

_____

_____

Cornelia rät, _____

_____

_____

_____

_____

11 In Cornelias Bericht heißt es: „... **die ziehen einen oft über den Tisch**".

Umschreibe mit eigenen Worten, was mit dieser Redewendung gemeint ist. Schreibe drei Sätze.

_____

_____

_____

_____

_____

13

TABELLEN UND DIAGRAMME AUSWERTEN

Tabellen richtig lesen
In Tabellen und Diagrammen werden Ergebnisse von statistischen Erhebungen oder Umfragen auf einen Blick dargestellt und miteinander verglichen. Das Thema wird in einer Überschrift genannt. **Tabellen** enthalten Fakten, z.B. zu den befragten Personen, und Zahlen, die entweder absolut oder in Prozenten angegeben werden. Oft werden zusätzliche Informationen gegeben, z.B. das Jahr der Erhebung oder Umfrage oder die Anzahl der befragten Personen.

Umfrage zum Frauenfußball

2378 weibliche und männliche Befragte zwischen 12 und 25 Jahren

	Zustimmung in Prozent	
Frauenfußball ...	**Frauen**	**Männer**
... sehe ich mir gerne an.	48,7	43,2
... hat Zukunft.	78,4	63,8
... finde ich genauso spannend wie Männerfußball.	34,2	23,3
... gewinnt durch die WM 2011 an Popularität.	82,5	68,7

1 *Welcher Sachverhalt wird in der Tabelle dargestellt?*

_____

TIPP
Schau dir die **Überschrift** genau an.

2 *Welche unterschiedlichen Informationen enthalten die drei Spalten?*

linke Spalte: _____ Mittelspalte: _____

rechte Spalte: _____

3 *Die Meinung der Befragten zum Frauenfußball ist eher positiv. An welchen Werten wird dies besonders*

   deutlich? _____

4 *Wie steht es um das Interesse am Frauenfußball?* _____

5 *Finden die meisten der Befragten Frauenfußball genauso spannend wie Männerfußball?* _____

_____

6 *Welche zusätzlichen Informationen zur Befragung werden angegeben?* _____

_____

Diagramme auswerten

Es gibt verschiedene Arten von Diagrammen. Die Zahlenwerte können in einem Kreis, als Balken, Säulen oder Linien angeordnet sein.

In **Kreisdiagrammen** wird nur ein Aspekt einer Befragung dargestellt. Die Summe aller Werte muss 100 % ergeben.

In **Säulen- und Balkendiagrammen** können sowohl mehrere Personengruppen als auch verschiedene Aspekte einer Frage gleichzeitig dargestellt werden.

Liniendiagramme zeigen zeitliche Entwicklungen an.

Kreisdiagramm

Wie sehr sind Sie an Frauenfußball interessiert?

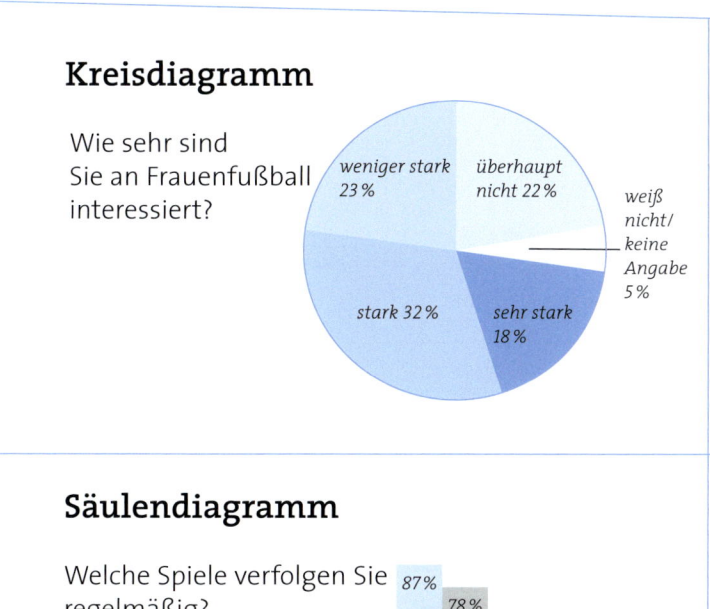

Balkendiagramm

Wie passen Sie Ihren Alltag an die Frauenfußball-WM an?

57 %	bin bei den Spielen oft mit Freunden zusammen
38 %	gehe zum Public Viewing
10 %	verschiebe berufliche Termine
8 %	nehme mir bei wichtigen Spielen extra frei
5 %	weiß nicht/keine Angabe

Säulendiagramm

Welche Spiele verfolgen Sie regelmäßig?

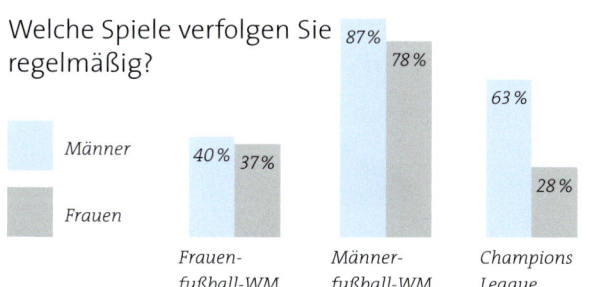

Liniendiagramm

Immer mehr Menschen verfolgen Weltmeisterschaften im Fernsehen. Beschreibe die Entwicklung.

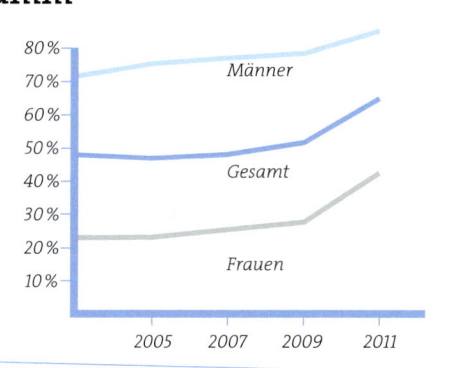

---

7 Die folgenden Fragen helfen dir, Diagramme auszuwerten. Überlege, in welchen Schritten du vorgehen musst, und schreibe die Fragen in geordneter Reihenfolge in die rechte Spalte.

ungeordnet	geordnet
– Welche Größen (z.B. Jahreszahlen, Prozente, Millionen) werden angegeben?	1. _____
– Welcher Sachverhalt oder welche Entwicklung wird dargestellt?	2. _____
– Zu welchem Ergebnis kommt man, wenn man die Werte miteinander vergleicht?	3. _____
– Um welches Thema geht es?	4. _____

Immer mehr technische Geräte in der Hand von Jugendlichen

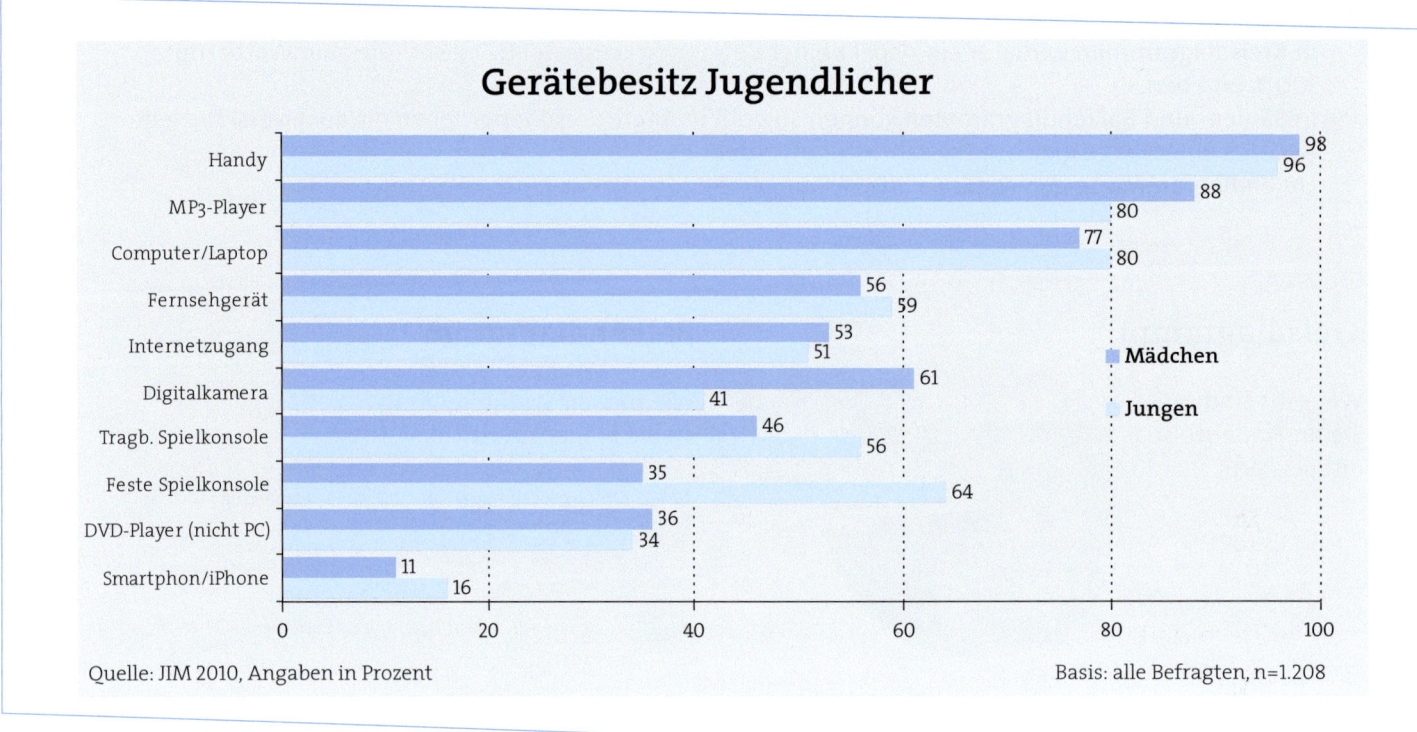

1 *Um welche Diagrammform handelt es sich?*
Kreuze an.

a) ☐ Säulendiagramm   c) ☐ Kreisdiagramm

b) ☐ Balkendiagramm   d) ☐ Liniendiagramm

2 *Welche Informationen kannst du dem Diagramm entnehmen?*

  Jahr der Befragung, ...
  _____
  _____
  _____
  _____
  _____
  _____

3 *Wie viele Jugendliche wurden insgesamt befragt?* _____

4 *Wie viel Prozent der Mädchen besaßen 2010 einen MP3-Player? Antworte im ganzen Satz.*

_____

_____

5 *In welcher Kategorie weichen die Werte der Mädchen und Jungen am stärksten voneinander ab?*

_____

6 *Treffen die folgenden Aussagen zu oder nicht? Kreuze an.*

Aus der Grafik erfährt man, …	trifft zu	trifft nicht zu
a) … ob eher männliche oder weibliche Jugendliche den Computer nutzen.	☐	☐
b) … welche Geräte Jungen und Mädchen 2010 besessen haben.	☐	☐
c) … wie viel Prozent der Jungen und Mädchen 2010 Besitzer einer tragbaren Spielkonsole waren.	☐	☐

7 *Sind die folgenden Fortsetzungen des Satzes zutreffend oder nicht? Kreuze an.*

Das Diagramm …	trifft zu	trifft nicht zu
a) … warnt vor elektronischen Medien.	☐	☐
b) … stellt die Frage nach der Mediennutzung von Jugendlichen.	☐	☐
c) … erklärt die richtige Verwendung von Medien.	☐	☐

8 *Stell dir vor, deine Klasse soll das Thema „Leben im elektronischen Überfluss" im Unterricht bearbeiten. Wäre es sinnvoll, dabei das Diagramm zu verwenden?*

Kreuze an und begründe deine Meinung in mindestens zwei Sätzen.

☐ Ja, weil …   ☐ Nein, weil …

_____

_____

_____

> **Tabellen und Diagramme in Kombination mit Texten**
> Eine Tabelle oder ein Diagramm wird oft in Kombination mit einem Text verwendet. Dieser kann die Informationen der grafischen Darstellung wiedergeben, ihre Bedeutung erläutern und kommentieren.

Internet-User: Typologie der jugendlichen Internetnutzer

Jugendliche im Alter von 12 bis 25 Jahren, die regelmäßig das Internet nutzen (Angaben in %)

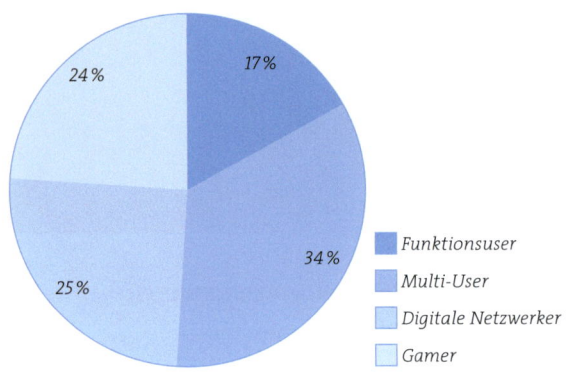

■ Funktionsuser
■ Multi-User
■ Digitale Netzwerker
□ Gamer

Fast alle Jugendlichen (96 %) haben mittlerweile einen Zugang zum Internet (2002 waren es nur 66 %). Nicht nur die Zahl der Internetnutzer ist damit gestiegen, sondern auch die Zahl der Stunden, die Jugendliche im Netz verbringen: im Schnitt fast 13 Stunden pro Woche. Es gibt vier verschie- 5 dene Nutzertypen: Die Gamer (24 % der Jugendlichen mit Netzzugang), vor allem jüngere männliche Jugendliche, verbringen ihre Zeit im Netz hauptsächlich mit Computerspielen. Digitale Netzwerker (25 %), vor allem jüngere weibliche Jugendliche, nutzen vor allem die sozialen Netzwerke. Für 10 Funktions-User (17 %), eher ältere weibliche Jugendliche, ist das Internet Mittel zum Zweck: Sie gebrauchen es für Informationen, E-Mails und Einkäufe von zu Hause aus. Die Multi-User (34 %), eher ältere männliche Jugendliche aus den oberen Schichten, nutzen schließlich die gesamte Band- 15 breite des Netzes mit all seinen Funktionalitäten.

Quelle: Flyer „16. Shell Jugendstudie – Jugend 2010"

1 *Betrachte zunächst nur das Kreisdiagramm. Was wird darin grafisch dargestellt?*

_____

2 *Welche Informationen kannst du dem Kreisdiagramm entnehmen?*

_____

3 *Welcher Altersgruppe gehören die Befragten an?*

_____

4 *Schau dir nun Kreisdiagramm und Text im Zusammenhang an. Welchen Gruppen werden eher weibliche als männliche Jugendliche zugeordnet?*

_____

5 *Beschreibe in eigenen Worten die größte und die kleinste Gruppe des Kreisdiagramms.*

_____

_____

_____

Lernstandserhebungen/VERA 8

Deutsch

Mittlere Anforderungen
Jahrgangsstufe 8

Lösungsteil

Cornelsen

1 Umgang mit Texten: Leseverstehen

Sachtexte lesen und verstehen

Zu: „Für Peter ist Karneval einfach nur ein Spaß"

Seite 7

2 Im Text geht es um unterschiedliche Meinungen zum Karneval.

3 **Was?** – Umfrage zum Karneval, unterschiedliche Meinungen dazu
Wo und wann? – in Düsseldorf, kurz vor Beginn des Karnevals
Welches ist die Hauptaussage? – Im Karneval wird ausgelassen gefeiert; nicht alle mögen den Trubel.
Wer? – Düsseldorfer Jugendliche
Wie? – Peter sieht Karneval als idealen Treffpunkt zum Flirten. Lisa nervt es, immer von Betrunkenen angemacht zu werden.

4 *Folgende Wörter/Wortgruppen musst du der Reihe nach einfügen:*
Befragung, jecken Kultur, Alltag, genervt, karnevalfrei, meiden, einen DVD-Abend machen

5 a) trifft zu   b) trifft nicht zu   c) trifft nicht zu

Seite 8

6 *Mögliche Zwischenüberschriften:*
Z.1–8: Umfrage zum Karneval
Z.9–14: Historischer Hintergrund
Z.15–21: Positive Stimmen
Z.22–29: Was gegen den Karneval spricht
Z.30–35: Alternativen zum Karnevalstrubel

7 Es gibt keinen anderen Anlass, an dem ausgelassener und hemmungsloser gefeiert wird als an diesen sechs Tagen. (Z.7–8)
Bis auf das kräftige Feiern verbinden die Leute heute meist nicht mehr viel mit dem traditionellen Karneval. (Z.13–14)

8 c)

9 a)

10 z.B.: Z.19–21, Z.24–27

11 Fastenzeit ist eine Zeit der Enthaltsamkeit, in der aus religiösen Gründen Fasten, also eine verminderte Nahrungsaufnahme, angesagt ist.

Seite 9

12 **flirten:** positiver Begriff; scherzhafte Gesten, Blicke oder Worte; dient dazu, sich kennen zu lernen, beruht auf Gegenseitigkeit
anmachen: negativer Begriff; einseitiger, aufdringlicher und für die/den Betroffene(n) unangenehmer Annäherungsversuch; derbe, oft vulgäre Sprache

13 d)

14 *Mögliche Antworten:*
Ich stimme der Aussage von Peter zu, weil jeder, der Spaß haben will, beim Karneval Spaß haben kann. Man muss ja nicht hingehen, man entscheidet selbst, ob man an dem Trubel teilnehmen will oder nicht.
Der Meinung von Jörg möchte ich widersprechen, denn die „aufgesetzte Fröhlichkeit", von der er spricht, wird nur von ihm so wahrgenommen. Die Menschen beim Karnevalsumzug sind echt fröhlich.

15 Umfrageergebnisse werden in Reiseführern nicht wiedergegeben. Außerdem gibt der Text u.a. Tipps, wie man den aktuell bevorstehenden Karneval umgehen kann, d.h., er ist nicht für mehrere Jahre gültig.

Zu: „Ferienjobs: Schüler berichten über ihre Erfahrungen"

Seite 11

1 b)

2 a)

3

René	Cornelia
a) ... 15 Jahren	... 16 Jahren
b) am Bau, beim Brunnenbau, in einer Tankstelle an der Kasse, im Bereich Security	an der Kasse
c) über Bekannte, aus der Zeitung	aus der Zeitung (Anzeigenblätter)
d) Kauf eines Motorrads und Autos; Finanzierung des Führerscheins; Essen und Ausgehen	das Geld wird gespart, um später ein Motorrad zu kaufen; Finanzierung von Hobbys (Reiten, Schlittschuh laufen); Führerschein
e) eigenes Geld verdienen; Einblick in die Arbeitswelt bekommen	lernen, mit Geld umzugehen; von den Eltern unabhängig zu sein

Seite 12

4 a) trifft nicht zu   b) trifft zu   c) trifft nicht zu   d) trifft zu

5 a) trifft nicht zu   b) trifft zu   c) trifft zu   d) trifft zu

6 c)

7 d)

8 d)

Seite 13

9 a) Es ist befriedigend zu sehen, dass man etwas geschafft hat.   (Z.20f.)
b) Ich lerne, mit Geld umzugehen, und liege meinen Eltern nicht auf der Tasche.   (Z.51f.)

10 *Mögliche Antworten:*
René findet wichtig, dass man pünktlich ist, gepflegt erscheint und seine Arbeit ordentlich erledigt. Cornelia rät, auf korrekte Abrechnung der Arbeitsstunden zu achten und bei Firmen vorsichtig zu sein, die sagen, sie stellen jeden ein.

11 *Mögliche Antwort:*
Die Redewendung bedeutet, jemanden übervorteilen, d.h., man legt jemanden rein, man betrügt ihn, man behandelt ihn nicht korrekt.

TABELLEN UND DIAGRAMME AUSWERTEN

Seite 14

1 Meinungen / Einschätzungen und Interesse am Frauenfußball

2 **linke Spalte:** Aussagen über den Frauenfußball   **Mittelspalte:** Zustimmung der Frauen in Prozent
rechte Spalte: Zustimmung der Männer in Prozent

3 Fast 80 % der Frauen und über 60 % der Männer glauben, dass Frauenfußball Zukunft hat. 82,5 % der Frauen und 68,7 % der Männer meinen, dass der Sport durch die WM 2011 an Popularität gewinnt.

4 48,7 % der Frauen und 43,2 % der Männer sehen sich Frauenfußball gerne an.

5 Nur wenige der Befragten, 34,2 % der Frauen und 23,3 % der Männer, finden Frauenfußball genauso spannend wie Männerfußball.

6 Befragte: 2378 Frauen und Männer zwischen 12 und 25 Jahren, Angaben in Prozent

Seite 15

7 1. Um welches Thema geht es?
2. Welcher Sachverhalt oder welche Entwicklung wird dargestellt?
3. Welche Größen (z.B. Jahreszahlen, Prozente, Millionen) werden angegeben?
4. Zu welchem Ergebnis kommt man, wenn man die Werte miteinander vergleicht?

Zu: **„Immer mehr technische Geräte in der Hand von Jugendlichen"**

Seite 16

1 b)

2 wie viel Prozent der Jungen und Mädchen 2010 welche technischen Geräte besaßen

3 Insgesamt wurden 1208 Jugendliche befragt.

4 2010 besaßen 88% der Mädchen einen MP3-Player.

Seite 17

5 Die Werte der Mädchen und Jungen weichen in der Kategorie „feste Spielkonsole" am stärksten voneinander ab: Nur 35% der Mädchen, aber 64% der Jungen besitzen eine feste Spielkonsole.

6 a) trifft zu   b) trifft zu   c) trifft zu

7 a) trifft nicht zu   b) trifft zu   c) trifft nicht zu

8 *Mögliche Antwort:* Ja, weil die Grafik Zahlen zum Besitz elektronischer Geräte liefert. Diese Zahlen zeigen, dass Jugendliche über sehr viele elektronische Geräte verfügen, die sie sehr wahrscheinlich auch intensiv nutzen.
Außerdem gibt die Grafik Auskunft über geschlechtsspezifische Interessen: An der Tabelle kann man sehen, welche Geräte von Mädchen, und welche von Jungen favorisiert werden.

Zu: **„Internet-User"**

Seite 18

1 Die unterschiedlichen Nutzertypen des Internets.

2 Eine Übersicht der verschiedenen Nutzertypen in Prozent.

3 Sie sind 12 bis 25 Jahre alt.

4 weiblich: digitale Netzwerker, Funktions-User   männlich: Multi-User, Gamer

5 Die größte Gruppe des Kreisdiagramms bilden die Multi-User. Sie setzen sich aus eher älteren, häufig männlichen Jugendlichen aus den oberen sozialen Schichten zusammen, die kleinste Gruppe, die Funktions-User, bilden eher ältere, häufig weibliche Jugendliche.

Seite 19

6 trifft nicht zu

7 a)

8 c)

9 a) trifft zu   b) trifft nicht zu   c) trifft zu   d) trifft nicht zu

10 trifft zu

11 *Mögliche Antwort:* Nein, weil ich ein 14-jähriges Mädchen bin und im Internet viel Zeit mit Computerspielen, statt in sozialen Netzwerken, verbringe. Ich sehe mich daher als Gamerin und nicht als Digitale Netzwerkerin.

ERZÄHLTEXTE LESEN UND VERSTEHEN

Zu: „Die Geschichte mit dem Hammer"

SEITE 20

1 **Wer** handelt? – ein Mann
Wann und wo spielt die Handlung? – in der heutigen Zeit; in der Wohnung des Mannes und im Treppenhaus
Was passiert? – der Mann will sich vom Nachbarn einen Hammer borgen; zweifelt plötzlich an dessen Hilfsbereitschaft; wird wütend, klingelt beim Nachbarn, schnauzt ihn an

2 c)

3 a) trifft zu   b) trifft zu   c) trifft nicht zu

SEITE 21

4 **Gedanken:** zweifelt, dass der Nachbar ihm den Hammer borgt; unterstellt ihm, dass er Mitmenschen einen Gefallen abschlägt; hält sich selbst für hilfsbereit; beschimpft den Nachbarn in Gedanken
Handlungen: stürmt zum Nachbarn, klingelt und brüllt ihn an

5 eine pessimistische Grundeinstellung zum Leben, die oft zu selbstverschuldeten Misserfolgen führt

6 *Mögliche Antwort:* Der Mann hat Unrecht, weil er diese Aussage gar nicht treffen kann. Er kennt den Nachbarn kaum, vor allem weiß er nicht, ob der Nachbar ihm den Hammer verweigert hätte. Der Mann vergiftet sich selbst das Leben.

7 Er hat sich so sehr in seine pessimistischen Gedanken hineingesteigert, dass er die Realität nicht mehr erkennt, d.h., er vergisst, dass er den Nachbarn ja noch gar nicht um den Hammer gebeten hat.

8 *Mögliche Antwort:* Ich halte die Interpretation von Fabian für überzeugend, weil sie den Kern der Geschichte trifft: Wenn man von vornherein nicht an den Erfolg einer Sache glaubt, dann geht sie meistens auch schief.

9 **Anfang und Schluss:** in der Er-Form, von einem allwissenden Erzähler
Mittelteil: in der Ich-Form, innerer Monolog

Zu: „Nur du kannst die Menschheit retten"

SEITE 23

1 d)

2 a)

3 c)

4 *Mögliche Antwort:* Es ist bisher immer der Sinn des Spiels gewesen, die Außerirdischen zu vernichten, weil sie angeblich die Menschheit bedrohen. Johnny handelt also so, wie es die Spielanleitung verlangt: Er spielt eine Rolle.

SEITE 24

5 *Mögliche Antworten:*
a) Für Johnny bedeutet Spiel, dass seine Handlungen nicht wirklich sind, d.h., dass sein Schießen keine Folgen hat.
b) Für die Außerirdischen scheint es kein Spiel zu geben, für sie ist der Kampf real.

6 a) „In dem Handbuch stand aber nichts von Botschaften." (Lokalbestimmung)
b) „Er spielte den ganzen Abend nicht mehr." (Temporalbestimmung)

7 Der taucht immer als Letzter auf, aber wenn man ihn als Ersten ins Visier nimmt, haben die anderen genug Zeit zum Wenden, und dann wird man zur Zielscheibe von allen dreien.

8 *Mögliche Antworten:*
a) drückt auf Pause; schlägt im Handbuch nach; feuert noch mal den Laser ab
b) „Wir wollen nicht sterben!"; „Wir ergeben uns."; „Nicht schießen."

Seite 25

9 b)

10 b)

11 a)

12 *Mögliche Aspekte:* Computerspiele nennen, die man selbst spielt; beschreiben, wie man sich beim Spielen fühlt; die Stimmung beschreiben, in der man sich nach sog. Ballerspielen befindet; Argumente für oder gegen Abschießspiele nennen (Möglichkeit zum Abreagieren, Training von Reaktionsschnelligkeit bzw. Aggressionsaufbau, Abstumpfung gegenüber Gewalt)

Gedichte lesen und verstehen

Zu: „Voll Blüten"

Seite 26

1 *Mögliche Eindrücke:* Es geht um einen Vergleich zwischen Blüten und Gedanken. Das Gedicht reimt sich. Es ist viel von Blüten die Rede.

2 Hermann Hesse: **Voll Blüten**

Voll Blüten steht der Pfirsichbaum,
Nicht jede wird zur Frucht,
Sie schimmern hell wie Rosenschaum
Durch Blau und Wolkenflucht.

Wie Blüten gehn Gedanken auf,
Hundert an jedem Tag –
Lass blühen! lass dem Ding den Lauf!
Frag nicht nach dem Ertrag!

Es muss auch Spiel und Unschuld sein
Und Blütenüberfluss,
Sonst wär die Welt uns viel zu klein
Und Leben kein Genuss.

Was für ein Gedicht? – Naturlyrik oder Gedankenlyrik

Wer spricht? – das lyrische Ich beim Betrachten eines blühenden Baums

Wie geschrieben? – Motivkette zum Blühen, 3 Strophen, Kreuzreim abab

Vergleich

Wovon handelt das Gedicht? – der Mensch hat viele Ideen, nicht alle werden verwirklicht, aber sie müssen trotzdem gedacht werden
Aufforderungen an den Leser

3 b)

Seite 27

4 1. Strophe: Pfirsichblüten werden beschrieben und die Tatsache erwähnt, dass nicht aus jeder Blüte einmal ein Pfirsich wird.
2. Strophe: Gedanken werden mit Blüten verglichen. Der Leser wird aufgerufen, seine Gedanken „blühen" zu lassen, ohne nach dem Ertrag zu fragen.
3. Strophe: Die Aufforderung an den Leser wird damit begründet, dass im Leben viele Gedanken gebraucht werden, um die Großartigkeit der Welt und des Lebens nutzen und genießen zu können.

5 Sowohl Blüten als auch Gedanken fangen klein an und entwickeln sich. So wie aus einer Blüte ein Pfirsich werden kann, kann aus einem kleinen Gedanken eine große Idee bzw. die Realisierung eines Projekts werden.

6 einen Vergleich

7 a)

8 a) trifft zu   b) trifft zu   c) trifft nicht zu

9 *Mögliche Antwort:* Man soll nicht schon vorher daran denken, ob einem eine Idee Nutzen bringt (Geld, Karriere, Anerkennung), denn sonst besteht die Gefahr, dass man die Idee gar nicht erst weiterspinnt oder aber, dass man enttäuscht ist, wenn sich der Ertrag nicht einstellt.

10 b)

Zu: „Keiner blickt dir hinter das Gesicht"

SEITE 28

1 a)

2 Strophe: 3

3 *Mögliche Antworten:* Geduld, Humor, Güte

4 b)

SEITE 29

5 b)

6 a) trifft nicht zu   b) trifft zu   c) trifft zu

7 *Mögliche Begründung:* Ich halte diese Aussage für falsch. Denn es geht Kästner um den inneren Reichtum eines Menschen, den man nicht an äußerlichen, d.h. materiellen Dingen erkennen kann. Im Titel steckt auch ein bisschen Wehmut darüber, dass Menschen oft nicht genau hingucken und deshalb nicht erkennen, was ein Mensch wirklich in sich trägt.

8 trifft zu

9 einen Vergleich

10 *Mögliche Antwort:* In einer Wundertüte stecken schöne und überraschende Dinge, von denen man erst dann erfährt, wenn man hineinschaut. Genauso verhält es sich mit dem Herzen eines Menschen. Man muss hineinschauen, um zu erfahren, welche schönen und überraschenden Wesenszüge ein Mensch hat.

2 REFLEXION ÜBER SPRACHE: GRAMMATIK

MIT DEM WORTSCHATZ ARBEITEN

SEITE 30

1 **Kampfsport:** Boxen, Fechten, Wrestling
Wintersport: Eishockey, Riesenslalom, Snowboard

2 b)

3 a) Leichtathletik
b) Wassersport

4

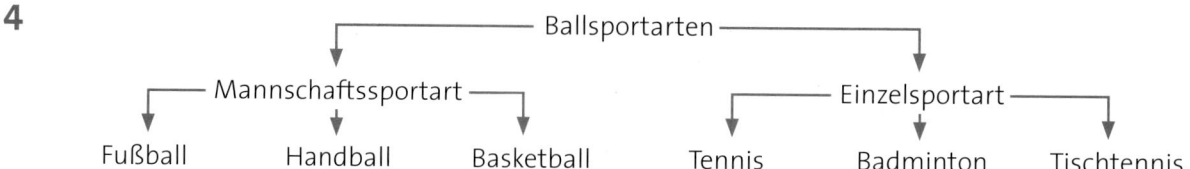

SEITE 31

1 Einbrecher, Dieb, Gauner, Spitzbube, Langfinger, Verbrecher

2 a) Kohle   b) Banknoten   c) Zahlungsmittel   d) Euro

3 a) trifft zu   b) trifft nicht zu   c) trifft nicht zu   d) trifft zu

4 suchen – finden, fragen – antworten, reden – schweigen, lachen – weinen, flüstern – schreien

WORTARTEN FLEKTIEREN UND BESTIMMEN

SEITE 32

1 a) Der Trainer gibt seiner Mannschaft klare Anweisungen für die zweite Halbzeit. Das macht Mut.

b) In der 50. Minute erhält der Stürmer einen Traumpass. Das ist die große Chance auf den Sieg.

c) Dem Verteidiger der gegnerischen Mannschaft bleibt nur eine Notbremse. Ein klares Foul!

d) Der Schiedsrichter zeigt dem Spieler die gelbe Karte. Da hilft kein Meckern!

2 des Fußballs, unserer Zeitrechnung, Federn, dem Marktplatz, 27 Spielern, die ersten Vereine

3 a) neutr., Dativ, Sg.   b) mask., Genitiv, Sg.   c) mask., Nominativ, Sg.

SEITE 33

1 Schon lange hatte Marie davon geträumt, Tänzerin zu werden. Sie bewarb sich bei einer berühmten Tanzschule. Dann hat sie lange auf eine Antwort gewartet. Heute endlich kommt ein Brief. Sie wird ihn sofort öffnen.

2

Plusquamperfekt	Präteritum	Perfekt	Präsens	Futur
hatte geträumt	bewarb sich	hat gewartet	kommt	wird öffnen

3 a) Präsens – Präteritum: Ich ging dreimal in der Woche zum Tanztraining.
b) Perfekt – Präsens: Wir lernen eine Menge, z.B. Hüftkreisen für Samba.
c) Präteritum – Perfekt: Hast du gewusst, dass Samba durch versklavte Menschen von Afrika nach Brasilien gebracht wurde?
d) Futur – Perfekt: Im Sommer habe ich an einem internationalen Tanzturnier teilgenommen.

SEITE 34

1 a), d)

2 a) 3. Pers., Sg., Prät., Passiv   c) 3. Pers. Pl., Perf., Aktiv   e) 3. Pers. Pl., Prät., Aktiv
b) 3. Pers. Pl., Prät., Aktiv   d) 3. Pers. Pl., Prät., Passiv   f) 3. Pers. Pl., Perf., Passiv

3 a) Der Ball wurde vom Tennisspieler ins Netz geschlagen.
b) Der Trainer wurde von der ganzen Mannschaft umarmt.
c) Die Eiskunstläuferin wurde von ihrem Partner hoch in die Luft geworfen.

SEITE 35

1 a) Konj. I   b) Konj. I   c) Konj. II   d) Konj. II

2 a) sei   b) habe   c) empfinde   d) fühle

3 a) auskäme   b) gäbe   c) verlöre

SATZGLIEDER BESTIMMEN

SEITE 36

1 a) ja b) ja c) nein d) ja

2 a) Temporalbestimmung, Akkusativobjekt b) Präpositionalobjekt, Subjekt
c) Kausalbestimmung, Prädikat d) Dativobjekt, Akkusativobjekt

SEITE 37

3 a) Der Stürmer hat den Ball mit dem linken Fuß gestoppt. *Satzbauregel 1*
b) Der Torwart gab seinen Mitspielern klare Anweisungen. *Satzbauregel 2*
c) Wir haben uns so auf das Endspiel gefreut. *Satzbauregel 1*
d) Die Siegerehrung fand nach dem Spiel auf dem Rasen statt. *Satzbauregel 3*

4 *Mögliche Antworten:*
a) Ich war <u>gestern</u> im Stadion.
b) Meine Mannschaft hat <u>haushoch</u> gewonnen.
c) Der Brasilianer hat den Ball <u>ins Tor</u> geschossen.
d) Der Schiedsrichter zeigte dem Spieler <u>wegen eines Handspiels</u> die rote Karte.

ZUSAMMENGESETZTE SÄTZE

SEITE 38

1 a) Stundenlang probte sie den Hüftaufschwung am Stufenbarren, <u>der</u> RP, Relativsatz
<u>immer ihr Lieblingsgerät gewesen war.</u>
b) <u>Obwohl</u> sie die Übung schon im Schlaf konnte, passierten ihr immer K, Konjunktionalsatz
wieder Fehler.
c) Der Salto, <u>den</u> sie so lange geübt hatte, gelang ihr beim Wettkampf RP, Relativsatz
mühelos.
d) Vor jedem Wettkampf ging sie früh schlafen, <u>damit</u> sie am Morgen K, Konjunktionalsatz
<u>topfit war.</u>

2 a) Eishockey ist eine Mannschaftssportart, <u>die immer beliebter wird.</u>
b) Der Puck ist eine flache Hartgummischeibe, <u>die mit Schlägern in das gegnerische Tor geschoben</u>
<u>oder geschossen wird.</u>
c) Die Spieler tragen Schutzanzüge, <u>weil Eishockey ein körperbetonter Sport ist.</u>
d) Ich schaue mir gern Eishockeyspiele an, <u>obwohl mir die häufigen Auseinandersetzungen auf der</u>
<u>Eisfläche nicht gefallen.</u>

SEITE 39

3 a) Temporalsatz
b) Kausalsatz
c) Modalsatz
d) Modalsatz
e) Temporalsatz
f) Lokalsatz

4 a) Die Turnerin bekam eine hohe Bewertung, <u>weil</u> sie ihre Bodenübung fehlerfrei zeigte.
b) Sie konnte es kaum glauben, <u>als</u> sie die Wertung der Punktrichter sah.
c) Bei der Siegerehrung zeigte sich ihre Rührung <u>dadurch, dass</u> ihr die Tränen kamen.

3 SCHREIBEN UND TEXTE ÜBERARBEITEN

EINEN TEXT SCHREIBEN

Zu: „Normalo" – nein danke!

SEITE 41

1 *Mögliche Antwort:* Als Normalo bezeichnet man jemand, der in seinem Äußeren und in seinem Verhalten nicht auffällt, der zu keiner besonderen Gruppe dazugehören will.

2 *Mögliche Antworten:*

Charakterisierung	Gruppe 1: Öko	Gruppe 2: Schickimicki	Gruppe 3: Hacker
Kleidung	Jeans, schlabberige Pullover, selbstgefärbte T-Shirts	nur teure Klamotten, immer neuester Schrei, jeden Tag was anderes	Hosen, die in den Kniekehlen hängen, T-Shirts
Auftreten	eher ruhig, wollen einen immer überzeugen	meist zu zweit, arrogant, eingebildet	unauffällig, fachsimpeln mit anderen Hackern
Musik	Liedermacher-Songs, Blues, Folk	Paris Hilton, Pop	elektronische Musik

3 *Mögliche Antwort:* Die Ökos werden meist nur belächelt. Von den Schickimickis gibt es nicht so viele, denn in unserer Gegend wohnen kaum reiche Leute. Die Hacker sind eigentlich anerkannt, weil sie dir auch mal bei einem Computerproblem helfen.

4 *Mögliche Antwort:* Ich bin Skater. Das ist klasse, weil du überall, wo du hinkommst, mit Leuten in Kontakt treten kannst, die auch Skater sind. Da gibt es keine Anlaufschwierigkeiten, man hat sofort ein Thema, über das man sich austauschen kann.

5 *Mögliche Antwort:* Nein, nie. Selbst wenn ich nicht mehr nur skaten würde, hätte ich bestimmt etwas anderes, was ich ganz intensiv und mit anderen Leuten zusammen machen kann.

SEITE 42

6 *Möglicher Einstieg:* Sie fallen nicht auf, reden höflich mit dem Lehrer und helfen alten Leuten über die Straße. Sie schauen dich schräg an, weil du anders bist. Sie selbst wollen normal sein und später mal ein Auto, ein Haus, einen Mann oder eine Frau und zwei Kinder haben.

7 *Mögliche These:* Nur „normal" zu sein, reicht mir nicht aus. Zur Entwicklung der eigenen Identität gehört es einfach dazu, dass man sich vom Durchschnitt abhebt.

8 *Mögliche Ergänzungen:*
Ich finde, die Gruppe gibt dem Einzelnen Sicherheit, Geborgenheit und Selbstvertrauen.
Für mich ist wichtig, dass ich mit Leuten über Dinge reden kann, die mich interessieren, dass ich Erfahrungen austauschen kann.
Folglich bin ich froh über jeden, der auch Lust hat, Skater zu sein, und der so unsere Gemeinschaft stärkt.
Beispielsweise weiß ich immer, was ich am Wochenende tun kann, und habe nie Langeweile.
Aus diesem Grund empfehle ich jedem, ernsthaft zu überlegen, wer man wirklich ist und wohin es einen zieht.

9 *Möglicher Standpunkt:* Abschließend möchte ich noch einmal betonen, dass es mir nicht darum geht, andere Leute als „normal" abzustempeln oder sie auszugrenzen. Vielmehr habe ich die persönliche Entscheidung getroffen, mich in meinem Leben von der Masse abzuheben – durch mein Aussehen, mein Hobby, meine Art zu leben.

10 *Möglicher Text:*

„Normalo" – nein danke!

Sie fallen nicht auf, reden höflich mit dem Lehrer und helfen alten Leuten über die Straße. Sie schauen dich schräg an, weil du anders bist. Sie selbst wollen normal sein und später mal ein Auto, ein Haus, einen Mann oder eine Frau und zwei Kinder haben.

Nur „normal" zu sein, reicht mir persönlich nicht aus. Zur Entwicklung der eigenen Identität gehört es dazu, dass man sich vom Durchschnitt abhebt. Ich möchte einen eigenen Stil finden. Das geht nicht, wenn ich mich anpasse. Ich finde es sehr gut, dass bei uns Vielfalt möglich ist. Die einen sind Ökos, andere Schickimickis, wieder andere Hacker. Mir gefällt nicht unbedingt, was die einzelnen Gruppen machen, aber ich respektiere sie. Es ist ein weit verbreitetes Vorurteil, dass sich der Einzelne innerhalb der Gruppe unterordnen muss und dass es einen Gruppenzwang gibt. Dies kann in Einzelfällen sicher vorkommen, doch habe ich das noch nie beobachtet. Außerdem denke ich, dass der Grund eher im fehlenden Selbstvertrauen zu suchen ist. Ich selbst bin Skater, innerhalb unserer Gemeinschaft kann jeder seine eigene Persönlichkeit ausleben. Sich zu einer Gruppe zugehörig zu fühlen, bedeutet für mich, Hobbys oder andere Vorlieben mit Gleichgesinnten zu teilen. An den Wochenenden treffen wir uns, skaten gemeinsam, quatschen und tauschen Erfahrungen aus. Wenn ich in eine andere Stadt fahre, finde ich als Skater sofort Anschluss, ohne dass wir uns erst gegenseitig abchecken müssen.

Abschließend möchte ich betonen, dass es mir nicht darum geht, andere Leute als „normal" abzustempeln. Vielmehr habe ich die persönliche Entscheidung getroffen, mich in meinem Leben von der Masse abzuheben – durch mein Aussehen, mein Hobby, meine Art zu leben. Mein Tipp: Geht in euch und guckt, was euch bewegt und mit wem ihr eure Freizeit verbringen wollt.

Zu: „Niemand so stark wie wir"

Seite 43

1 *Möglicher Brief:*

Lieber Zoran,

das Gefühl kenne ich. Einerseits will man seine Eltern nicht belügen, andererseits weiß man ganz genau, dass sie nicht verstehen, wie man sich mutierte Regenwürmer angucken kann. Sie begreifen einfach nicht, dass es manchmal klasse ist, sich zu ekeln. So ein bisschen gruseln ist doch nicht schlimm. Im Gegenteil, es ist total aufregend, wenn das Herz klopft und man fast vergisst zu atmen. Aber das weißt du ja alles selbst. Du weißt nur nicht, wie du aus der Zwickmühle rauskommst, stimmt's? Eine Lüge ist jedenfalls keine Lösung, selbst wenn es nur eine Notlüge ist. Am Ende kommt doch alles raus, und dann kannst du es vergessen, noch vernünftig mit den Erwachsenen reden zu wollen.

Also ich habe das ganz anders gelöst. Ich bin zu meiner Mum gegangen und habe ihr erzählt, dass wir im Deutschunterricht durchgenommen haben, wie ein Film entsteht. Und dass die Angst in Horrorfilmen oft nur durch die dramatische Musik hervorgerufen wird und dadurch, dass man die ganze Zeit nur ahnt, gleich kommt was Schreckliches. Und wenn doch mal was Ekliges kommt, dann ist das nur Honig oder Ketchup. Erst hat sie das Gesicht verzogen, aber dann hat sie gelacht. Und meine Mutter ist wirklich empfindlich, für die ist schon das „Gespenst von Canterville" ein Horrorfilm. Ich habe sie auch daran erinnert, dass sie mir früher immer Märchen vorgelesen hat, die mit ihren Hexenverbrennungen auch nicht gerade ungruselig sind. Und dann habe ich behauptet, ihre Erzählungen von Feuer speienden Drachen hätten mich abgehärtet. Das hat sie zwar nicht geglaubt, aber wir haben uns darauf geeinigt, dass ich mir Gruselfilme angucken darf, solange sie nicht gewalttätig sind. Das fand ich okay. Also, probier es doch mal aus! Und dann schreib mir, wie es gelaufen ist.

Tschüss
Fabian

RICHTIG SCHREIBEN

SEITE 46

1 *So ist der Text richtig geschrieben. Die Korrekturen sind unterstrichen:*
Ein Leben ohne Geld ist für uns <u>heute</u> undenkbar. Die Wurzeln der <u>Entwicklung</u> des Geldes liegen <u>vermutlich</u> im Tauschhandel, der <u>wiederum</u> erst durch die Arbeitsteilung <u>notwendig</u> und auch möglich geworden war: Es stellte nicht mehr jeder alles für den Eigenbedarf <u>Notwendige</u> selbst her, sondern man erwarb fehlende Dinge mithilfe von eigenen <u>Überschussprodukten</u>. Der ursprünglichste Handel <u>bestand</u> im <u>direkten</u> Tausch Ware gegen Ware oder gegen Dienstleistung. Wenn das gewünschte Objekt nicht direkt <u>einzutauschen</u> war, diente ein <u>Gegenstand</u>, der möglichst von allen begehrt, allgemein als wertvoll <u>anerkannt</u>, handlich und haltbar sein sollte, als Tauschvermittler. In unserem Kulturkreis handelte es sich dabei <u>meistens</u> um Metalle – Kupfer und Bronze, die für die <u>Herstellung</u> von Waffen und Geräten gebraucht wurden, um Edelmetalle für Schmuckherstellung oder um die Fertigprodukte selbst.
Der Tauschhandel Ware gegen Ware bestand auch nach der <u>Erfindung</u> des <u>Münzgeldes</u> weiter, in <u>bäuerlichen</u> Gegenden noch bis weit in die Neuzeit. In Zeiten, in denen das <u>Vertrauen</u> zum offiziellen Geld <u>gestört</u> war, wie Inflation oder Krieg, dienten wieder wertvolle Objekte, wie Gold oder Zigaretten, als Tauschvermittler.

TEXTE ÜBERARBEITEN

Regelverstöße erkennen

SEITE 48

1 a – 5, b – 1, c – 4 / c – 6, d – 6 / d – 4, e – 3, f – 2

SEITE 49

2 (1) b, (2) f, (3) c, (4) e, (5) a, (6) d, (7) b

Treffende Wörter und Formulierungen wählen

1 a, f, g

SEITE 50

2 a) lauscht(e), b) zuhören, c) vernahm, d) horchte, e) aufschnappen

3 a) Die Mutter bat ihren Sohn/forderte ihren Sohn auf/verlangte von ihrem Sohn, ...
b) Der Sohn sagte/erwiderte/entgegnete verärgert, ...
c) Die Eltern sprachen/diskutierten/verständigten sich darüber, ...
d) Dann fragte sein Vater, ... / schlug sein Vater vor, gemeinsam zu einem Rockkonzert zu gehen.

4 a – 3, b – 4, c – 5, d – 1, e – 2

Den Satzbau verbessern

SEITE 51

1 *Möglicher Text:* Ich ging in mein Zimmer. Dort warf ich mich auf mein Bett und stellte die Musik extra laut. Sofort kam meine kleine Schwester und beschwerte sich. Und so stritten wir mal wieder.

2 *Mögliche Verknüpfungen:*
a) Der Sohn hatte Streit mit seinen Eltern, weil sie seine Musik zu laut fanden.
b) Der Sohn hatte eine Lieblingsband, die er einfach laut hören musste.
c) Zu seinem Geburtstag wünschte er sich Kopfhörer, damit/sodass seine Eltern sich nicht mehr beschweren konnten.

3 Simons Kumpel hatte ihm eine CD empfohlen, weil er die Texte stark fand. Als Simon die CD zu Ende gehört hatte, ging er ins Kaufhaus. Er wollte von der Band eine zweite CD suchen, weil sie ihm auch gefallen hatte.

Annikas Artikel über Handys

SEITE 52

1 (1) f, (2) a, (3) c, (4) e, (5) b, (6) d/e

2 a) *Mögliche Antwort:* Ich finde Annikas Überschrift nicht gelungen, weil nicht klar wird, um welche Gefahr es geht. Außerdem wird nicht deutlich, dass das Mobiltelefonieren gemeint ist.
b) *Mögliche Überschrift:* Schuldenfalle Handy

SEITE 53

4

Satz	Regelverstoß	*Mögliche Antworten:*
a)	e	Man sollte jeden Vertrag gründlich lesen, **damit** man das Kleingedruckte nicht übersieht.
b)	c	Für viele Jugendliche ist das Handy zur Schuldenfalle geworden, aus der **sie** nur schwer wieder herauskommen.
c)	b	Besonders **erschreckend/bestürzend/folgenschwer** ist der Fall von Luis, in dem die Eltern fast 1000 Euro zahlen mussten.
d)	a	Auch **bei der SMS-Funktion/beim Versand von SMS/beim Schreiben von Kurznachrichten** muss man aufpassen.
e)	f	Viele Eltern bezahlen die Handyrechnungen von oft über 100 Euro. Sie ahnen nicht, was sie damit anrichten: Die Jugendlichen spüren so keine Konsequenzen und können deshalb nicht lernen, mit Geld umzugehen.
f)	d	Am Ende des Monats kommt mit der Handyrechnung das große Erwachen, doch dann ist es oft zu spät.

4 ZUHÖREN

KONZENTRIERT ZUHÖREN

Zu: **Track 2**

SEITE 54

1 1. fragend   2. ärgerlich   3. schmeichelnd   4. ängstlich   5. bittend

Zu: **Track 3**

1 Gesprächsfetzen, knarrender Holzboden, Stimmen durcheinander, ein Gong, Schritte

2 **Geräusche:** jemand hustet, der Gong zweimal und dreimal, Instrumente werden gestimmt, leise Stimmen vom Publikum, leiser Gong (Tonfolge von vier Tönen), Publikum klatscht Beifall

3 b)

Zu: **Track 4**

SEITE 55

1 1. aufgeregt   2. tadelnd   3. informierend   4. ängstlich   5. gelangweilt

Zu: **Track 5**

1 In allen drei Text-Teilen geht es um das Thema „Wolken".

2 Teil 1: sachlich   Teil 2: melodisch   Teil 3: witzig

3 *Mögliche Antworten:*
Teil 1: Die Stimme klingt ruhig und gleichmäßig. Man merkt, dass es um Informationen geht. An der Sprechweise sind keine Gefühle erkennbar.
Teil 2: Das Gesagte klingt rhythmisch wie in einem Gedicht. Die Stimme spricht mit einer bewusst ausgewählten Satzmelodie.
Teil 3: Hier spürt man, dass die Sprecherin das Gesagte nicht ganz ernst meint. Es klingt fast ironisch.

EINEM HÖRTEXT INFORMATIONEN ENTNEHMEN

Zu: **Track 6**

SEITE 56

1 *Mögliches Vorwissen:* Werbung im Fernsehen ist teuer; sie soll eine große Wirkung auf Zuschauer haben; eigene Erfahrung: erschrecke mich oft selbst, wenn es plötzlich lauter wird

2 *Mögliche Notizen:* es gibt gesetzliche Höchstwerte für Lautstärke, Werbung erscheint uns oft nur lauter als sie in Wirklichkeit ist, weil z.B. Spielfilme unterschiedlich laut sind (lauter Schuss, sonst leiser Ton); Trick der Werbeleute: Kompression, d.h., leise Teile werden laut gemacht; bei großen privaten Sendern ist Werbung oft tatsächlich lauter als das Programm drumherum

SEITE 57

3 a) trifft zu   b) trifft zu   c) trifft nicht zu   d) trifft nicht zu

4 b)

Zu: **Track 7**

1 *Mögliche Antwort:* Hochdeutsch bedeutet, dass man keinen Dialekt spricht. Hannover liegt ungefähr in der Mitte Deutschlands. Es wird gesagt, dass die Menschen dort das reinste Hochdeutsch sprechen.

2 *Mögliche Notizen zu Kernaussagen:*
  – Hochdeutsch ist eine Kunstsprache
  – bis Ende 18. Jh. gilt Sächsisch als bestes Hochdeutsch, da viel geschätzte Literatur aus Sachsen kam
  – dann wurde Preußen politisch immer wichtiger und bestimmte die Hochsprache
  – das Plattdeutsch Niedersachsens war gut geeignet, das Schriftdeutsch wiederzugeben
  – das neue Hochdeutsch in Hannover verdrängte den Dialekt fast völlig

3 *Mögliche Erklärungen zu unverstandenen Wörtern:*
Dialekt: Mundart; landschaftlich oder örtlich begrenzte sprachliche Sonderform
Plattdeutsch: Sammelbezeichnung für die zentralen und östlichen Dialekte der niederdeutschen Sprache

SEITE 58

5 b), c)

6 c)

7 a) trifft nicht zu   b) trifft zu   c) trifft nicht zu   d) trifft nicht zu

8 *Mögliche Kernaussage:* Plattdeutsch hat großen Vorrat an Lauten, um die Schriftsprache wiederzugeben

9 – Aus dem Sächsischen: „Du sollst die Löffel aufsperren!" heißt: „Du sollst gut zuhören!"
  – Aus dem Plattdeutschen: „Lieber einen kleinen Fisch als keinen auf dem Tisch."

Zu: **Track 8**

Seite 59

1 *Mögliches Vorwissen:* Komponisten schreiben musikalische Stücke, dazu verwenden sie Noten, ich kenne Richard Wagner, Johann Sebastian Bach ...

2 *Mögliche Notizen:* **Komponieren früher:**
  – im 18. Jahrhundert wurden Musikstücke (Sinfonien, Opern) ohne Instrumente am Schreibtisch geschrieben, z.B. von Mozart oder Beethoven
  – mit Federkiel und Tinte auf Notenblätter geschrieben, von Dirigenten mit einem Orchester einstudiert
  – Mozart konnte innerlich hören und dies dann aufschreiben, er war ein Wunderkind
  – alle Notenblätter wurden nochmal abgeschrieben (von Kopisten)
  Komponieren heute:
  – heute entstehen Musikstücke am Computer
  – im Tonstudio wird mit Samplern gearbeitet
  – damit kann man Instrumentenklänge, Melodien und Geräusche aufnehmen und speichern

3 a), c)

4 a) trifft zu   b) trifft nicht zu   c) trifft nicht zu   d) trifft zu   e) trifft nicht zu   f) trifft zu

EINE MITSCHRIFT ANFERTIGEN

Zu: **Track 9**

Seite 60

1 *Mögliches Vorwissen:* kommt aus dem Mund, damit kann man sprechen, singen, flüstern, schreien; wenn man öfter singt, z.B. in einem Chor, kann man die Stimme trainieren

2 **Knorpel:** fester, aber im Gegensatz zum Knochen biegsamer Stoff im Körper von Mensch und Tier
  elastisch: dehnbar, biegsam
  Cello: Saiteninstrument, ähnlich wie Geige, aber größer; wird beim Spielen zwischen den Knien gehalten

3 *Mögliche Kernaussagen:* – Stimme funktioniert wie ein Instrument
  – im Kehlkopf sitzen die Stimmbänder, auch Stimmlippen genannt
  – sie werden durch Muskeln gesteuert
  – Stimme erklingt, wenn Luft durch Stimmritze strömt und die Stimmlippen schwingen
  – Brust, Nasen, Rachen, Mund sind Klangräume, die Töne verstärken
  – Vergleich mit Cello: eine Saite wird über Klangkörper gespannt und zum Schwingen gebracht

Seite 61

4 **Was ist überhaupt Stimme?** Muskelstränge, Stimmbänder und Luft sowie Klangräume
  Wo sitzt die Stimme? im Hals sitzt der Kehlkopf, darin befinden sich die Stimmbänder
  Unter welchen Bedingungen erklingt die Stimme? Atmung bewirkt Luftstrom, der die Stimmbänder zum Schwingen bringt; die Klangräume verstärken den Ton

5 *Mögliche Übersicht:*

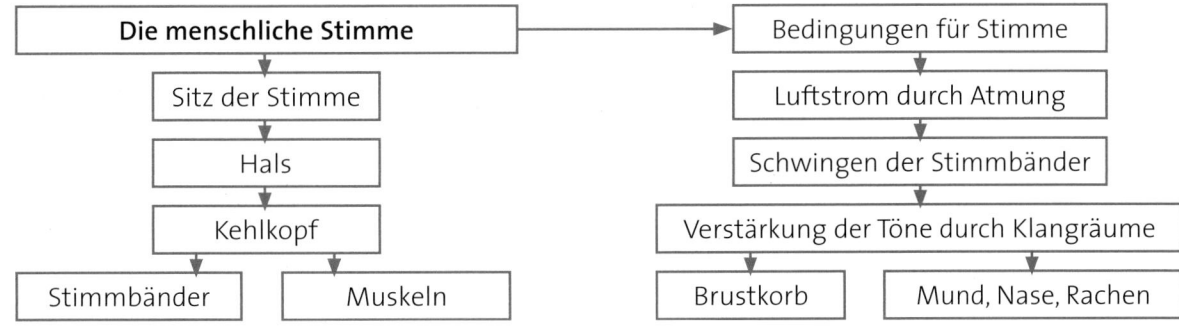

6 c)

Zu: **Track 10**

Seite 62

1 *Mögliches Vorwissen:* Opern bestehen aus Theater und Musik, Schauspieler singen und werden von einem Orchester begleitet.

2 *Mögliche Kernaussagen:*
  – erste Oper vor ca. 400 Jahren entstanden, in Italien
  – oft griechische Sagenstoffe, es gibt Kulissen und Kostüme
  – Darsteller singen und sprechen, begleitet von Orchester
  – Beginn: Vorspiel, die Musik bereitet auf den Inhalt vor (Tragödie, Komödie)
  – Arien sind Sologesänge, drücken Gefühle und Gedanken aus
  – mehrere Sänger = Ensemble (Duett, Terzett usw.)
  – viele Sänger oft bei dramatischen Höhepunkten
  – Chor: Sänger und Sängerinnen singen gleiche Stimme
  – Menschenmengen werden oft durch Statisten verstärkt

3 **Ouvertüre:** aus dem Französischen: „Eröffnung", in der Oper instrumentale Einleitung, Vorspiel
Tragödie: Dramengattung, in der tragische Ereignisse gestaltet werden
Komödie: Dramengattung, in der menschliche Schwächen heiter dargestellt werden

4 **Seit wann gibt es Opern?** seit 400 Jahren
Welche Bestandteile kann eine Oper haben? Vorspiel, Arien, Duette, Chorgesang ...
Wer wirkt in einer Oper mit? einzelne Sänger, Ensemble, Chor, Statisten, Orchester
Nach welchem Inhalt werden Opern unterschieden? Tragödie, Komödie

5 *Mögliche Mindmap:*

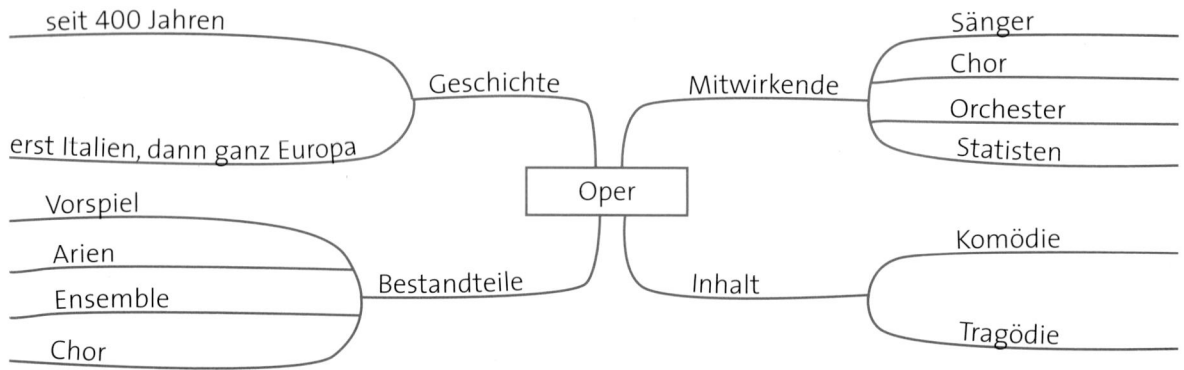

Zu: **Track 11**

Seite 63

1 a) trifft zu   b) trifft nicht zu   c) trifft nicht zu   d) trifft zu   e) trifft zu   f) trifft nicht zu

2 Ich halte die Mitschrift von Sebastian für sinnvoller, weil sie nur die wichtigen Informationen enthält. Außerdem sind die Stichpunkte übersichtlich geordnet.
Die Mitschrift von Annika hat Schwachpunkte, z.B. fehlt eine Gliederung. Die Stichpunkte sind nicht sortiert. Außerdem wurden eher nebensächliche Dinge notiert, man erfährt die wichtigen Fakten nicht.